Juristen sind gar nicht so

Ein höchst subjektives Plädoyer
für ihre Schwächen und Vorzüge

gehalten von
Hans Martin Schmidt und Walter Hanel

Verlag
Dr. Otto Schmidt
Köln

Die Deutsche Bibliothek – CIP-Einheitsaufnahme

Schmidt, Hans Martin:
Juristen sind gar nicht so: ein höchst subjektives Plädoyer für ihre Schwächen und Vorzüge / gehalten von Hans Martin Schmidt und Walter Hanel. – 7. überarb. und erg. Aufl. – Köln: O. Schmidt, 1994
ISBN 3-504-01845-3
NE: Hanel, Walter:

1. Auflage 1962

4. Auflage 1979
(mit neuen Zeichnungen)

7. überarbeitete und ergänzte Auflage 1994
(mit neuen Texten und Zeichnungen)

© 1994 by Verlag Dr. Otto Schmidt KG, Köln.
Das Werk einschließlich aller seiner Teile ist urheberrechtlich geschützt. Jede Verwertung, die nicht ausdrücklich vom Urheberrechtsgesetz zugelassen ist, bedarf der vorherigen Zustimmung des Verlags. Das gilt insbesondere für Vervielfältigungen, Bearbeitungen, Übersetzungen, Mikroverfilmungen und die Einspeicherung und Verarbeitung in elektronischen Systemen.

Gesamtherstellung: Bercker Graphischer Betrieb GmbH, Kevelaer

Inhaltsverzeichnis

Vorwort zur 7. Auflage 7
Prolog vor dem Prozeß 9
Die Juristen im Kreuzverhör 13
    Der Gesetzgeber 14
    Die Juristin 18
    Der Rechtsanwalt/Die Rechtsanwältin 22
    Der Notar/Die Notarin 34
    Der Zivilrichter/Die Zivilrichterin 38
    Der Staatsanwalt/Die Staatsanwältin 50
    Der Strafverteidiger/Die Strafverteidigerin 58
    Der Strafrichter/Die Strafrichterin 66
    Der Rechtsprofessor/Die Rechtsprofessorin 78
    Der Verwaltungsjurist/Die Verwaltungsjuristin 82
    Der Jurist/Die Juristin in der Wirtschaft 90
    Der Jurist/Die Juristin – ganz privat 94
Die Entscheidung 109

Vorwort

zur 7. überarbeiteten und ergänzten Auflage

Nun doch noch ein Vorwort vor dem Prolog?

7 Auflagen in 32 Jahren, einige 10tausendmal gekauft, verschenkt, hineingeblättert, hier und da geschmunzelt, sich vielleicht sogar verstanden gefühlt – das könnte ein Grund dafür sein, die Titel-Aussage erneut auf ihre Kraft zu befragen, Ergänzungsbedürftiges auszumachen und damit noch einmal und immer wieder festzustellen, ob diese und/oder jene Juristen nun eigentlich mehr so oder eher anders sind.

Die Idee war und ist goldrichtig: Die Juristen in ihren verschiedenen Ausfertigungen sind nicht einfach schillernde Figuren, sie verbreiten – wie die meisten anderen Menschen auch – zu unterschiedlichen Zeiten und mit unterschiedlichen Mitteln mal mehr Licht und mal mehr Schatten und sind oder werden sich dessen bewußt: Das Vor-Urteil, an dem ja immer etwas dran ist, kann zwar durch ein Urteil aufgehoben werden; es bleibt jedoch berufungsfähig und revisionsbedürftig; die Beurteilung von Menschen erwächst glücklicherweise nicht in Rechtskraft.

Die Titel-Aussage ist also mehr als eine angenehme, immer zu eigenen Gunsten auslegbare Floskel, die Juristen deshalb offenbar gerne verschenken oder sich schenken lassen. Sie ist vielmehr vor allem das Eingeständnis, daß auch die Eigenschaften von Juristen ambivalent sind, d. h. zur gleichen Zeit Vor- und Nachteile haben können – und sich deshalb auch für die karikaturistische Beschreibung besonders gut eignen.

Daß Frauen in diesem Buch bisher nur eine Nebenrolle gespielt haben, hatte die Autoren längst betroffen gemacht. Das hing nicht nur mit den Schwierigkeiten des „Geschlechterkampfes" im allgemeinen und unter Juristen im besonderen zusammen, sondern auch mit dem nicht überzeugend gelösten Problem der sich ständig wiederholenden männlichen und weiblichen Bezeichnung der juristischen Berufe und der Mißhelligkeit für den Zeichner, ob und wie er sich denn auf eine bestimmte oder wechselnde Frauenquote festlegen müsse. Die Autoren haben einen neuen Versuch (mit einigen neuen Zeichnungen) gemacht und hoffen auf wohlwollende Prüfung (wie schon bei ihrem anderen gemeinsamen Buch mit dem auch nicht ganz abgeklärten Titel „Frauen haben immer Recht"). Allerdings ließ es sich auch nicht vermeiden, daß der Juristin ein besonderes Kapitel an hervorragender Stelle gewidmet ist.

Drei bisher fehlende juristische Berufe sind hinzugekommen: Professoren, Notare und Juristen in der Wirtschaft. Die Autoren mußten deutlich machen, daß auch diese Vertreterinnen und Vertreter der Juristen-Zunft ihr eigenes Scheinen und Sein haben.

Ein letztes Wort an Sie, die hoffentlich immer noch geneigten Leserinnen und Leser des Buches: Viele halten den Juristen einen Spiegel vor, die Mandanten, die Prozeßbeteiligten, die Rechts-Unterworfenen aller Art, vor allem die Medien und auch dieses Buch; aber ohne Lachen wird die Selbsterkenntnis auch weiterhin nicht abgehen.

Köln, im September 1994   Die Autoren

Prolog vor dem Prozeß

Die Juristen auf der Arme-Sünder-Bank – darüber werden viele Nicht-Juristen frohlocken: Endlich sind auch die, die sonst anderer Leute Händel beurteilen und verurteilen, in der beklagenswerten Rolle des Beklagten und Angeklagten.

Wie kam es zu diesem Prozeß? Es geschah an einem Herrenabend: Einer von uns, ein Diplom-Kaufmann, meint – nicht ohne Veranlassung –, die Juristen seien doch eigentlich ein sehr eigenwilliges Volk, neigten zu Arroganz und Besserwisserei, und ihre Art der Weltbetrachtung sei reichlich formalistisch. Solche Sprache bringt den anwesenden Anwalt auf den Plan. An Interessenvertretung gewohnt, ergreift er die eigene Partei, gibt auf ein Wort das andere, so daß sich der Gastgeber, ebenfalls Jurist, veranlaßt sieht, die Diskussion in geordnete Bahnen zu lenken. Er entschließt sich, es auf einen Prozeß ankommen zu lassen, ernennt den angriffslustigen Diplom-Kaufmann zum Staatsanwalt, den wortgewandten Rechtsanwalt zum Verteidiger, sich selbst zum Richter und, in Erkenntnis seiner eigenen Unvollkommenheit, den ebenfalls anwesenden, durchaus friedliebenden Architekten zum Laienbeisitzer, der als „Volksmund" pro-domo-Anwandlungen des Juristen in die Schranken zu weisen hat.

Alle Prozeßbeteiligten sind sich darüber im klaren, daß dieses Verfahren nicht in ernsthaften Streit ausarten sollte. Was liegt da näher, als einen

Meister der spitzen Feder zum Gerichtsschreiber zu küren? Walter Hanel, der Zeichner, ist als Mitarbeiter und Gegenspieler des richtenden Juristen geradezu prädestiniert: Er ist der Typ des Anti-Juristen; er sieht so aus, als wollte er mit der Polizei und dem Gericht nichts zu tun haben, zeichnet lieber Privatidyllen und Anweisungen für Attentäter und gebärdet sich auch sonst so ungewöhnlich, wie das Publikum das von einem ordentlichen Künstler erwartet.

Nun – die Rollen sind verteilt, das ernsthaft-heitere Spiel kann beginnen. So-Sein oder Nicht-So-Sein der Juristen – das ist hier die Frage. Die Parole, die als Antwort auf diese Frage gegeben wird, ist zugegebenermaßen leicht tendenziös. Halten Sie das aber nicht nur der möglicherweise zu subjektiven Auswahl der Prozeßbeteiligten zugute, sondern vor allem der Tatsache, daß Redner und Schreiber ihre ausgetrockneten Lippen und Federn nicht in Wasser und Tinte, sondern in eine kalte Ente – von der Hausfrau als Gerichtsdienerin aufmerksam kredenzt – getunkt haben. Wein versöhnt.

Einige Worte zur Prozedur seien gestattet: Das Verfahren ist streng kontradiktorisch, d. h. für Nichtlateiner: auf jeden Topf kommt ein Deckel, auf jeden Vorwurf, den „man" den Juristen macht, folgt die Entlastung im Sinne der durch den Titel vorgezeichneten Generallinie auf dem Fuße. Sollten Sie, geneigter Leser, am Schluß des Prozesses diese Niederschrift über die mündliche Hauptverhandlung jedoch für mehr als eine Schwarz-Weiß-Malerei halten, ja sollten Sie schließlich selbst nicht mehr wissen, wie die Juristen nun eigentlich erscheinen, sind oder sein sollen, so könnte das ein geradezu epochemachendes Prozeßergebnis zur Folge haben, das wir Ihnen jedoch, um wenigstens den Schein der Objektivität zu wahren, erst am Schluß mitteilen werden.

Folgen Sie nunmehr bitte mit wacher Aufgeschlossenheit der Verhandlung. Danken Sie ruhig Ihrem Schicksal, daß Sie nicht so sind wie diese Angeklagten hier, bilden Sie sich aber immerhin inzwischen ein wohlwollendes Urteil; Sie werden später ohnehin um ein solches gebeten werden. Vor allem jedoch: Seien Sie das Gegenteil von einem Spielverderber!

Das Tribunal wird zur Szene. Der Vorhang geht auf.

Dr. Hans Martin Schmidt
Rechtsanwalt

Die Juristen im Kreuzverhör

Der Gesetzgeber

Sollte Goethe recht haben, wenn er Mephisto sagen läßt: „Es erben sich Gesetz und Rechte wie eine ew'ge Krankheit fort", so ist daran in erster Linie der Gesetzgeber schuld, jenes vielköpfige Gebilde, von dem jeder Jurist spricht, das aber noch keiner wirklich gesehen hat. Dafür sind seine Produkte um so unübersehbarer. Die Juristen in den Parlamenten, in den Ministerien, in den Interessenverbänden sorgen dafür, daß nichts ungeordnet, daß aber auch möglichst viel möglich bleibt. Ist das noch Leben? Es ist formlose Form.

So sagt man.

Doch – der Gesetzgeber ist gar nicht so.

Der Laie ist fasziniert von der Rückseite des §§-Teppichs. Hätte er einen Blick für seine harmonische Oberseite, würden ihm ganz neue Zusammenhänge aufgehen. Zugegeben, daß der Gesetzgeber auch mal eine Masche fallen läßt, durch die dann natürlich unbedingt jemand schlüpfen muß; aber wer den großen Überblick hat, wird seinerseits zugeben müssen, daß trotzdem immer noch ein § in den anderen greift und alle §§ auf das engste miteinander verhäkelt sind. Und wenn der Gesetzgeber besonders gut gelaunt ist, ist er nicht nur gerecht, sondern auch sozial. Achten Sie auf das Gütezeichen „Jurist mit Herz"!

Die Juristin

Rechtsanwältinnen und Richterinnen scheinen oft so, wie sie die mit ihnen in Konkurrenz stehenden Kollegen erscheinen lassen wollen: So fürsorglich, so vermittelnd und ausgleichend, daß ihnen die Herren des Personals am liebsten die Rechtsfelder zuteilen möchten, die sie von Hause gewöhnt sind: Familie und Jugend.

So sagt man.

Doch – Juristinnen sind gar nicht so.

Auch sie sind Recht-Haberinnen: Sie sind nicht nur mit der seit Ur-Zeiten streitfähigen, aber ohne Ansehen der Person wägenden Justitia verwandt, sondern zeigen es den Männern zunehmend, wie man/frau das Gesetz mit weiblichen und männlichen „Anteilen", mit Verstand und Herz ganzheitlich auslegen kann.

Der Rechtsanwalt / Die Rechtsanwältin

Sie leben davon, daß der Gesetzgeber sich nicht genau genug ausdrücken kann. Und wenn der gar noch einen Gummizug oder ein Hintertürchen in das Gesetz eingebaut hat, dann ist es ihre Aufgabe, durch dieses Türchen ein- und auszugehen, als seien sie dahinter zu Hause.

So sagt man.

Doch – die Rechtsanwälte sind gar nicht so.

Weise Leute wissen, daß es das „Recht an sich" nicht gibt, es wird bis auf weiteres von Menschen gehandhabt, das heißt – in übertragenem Sinne – manipuliert. Ein von unvollkommenen Menschen geschaffenes Gesetz braucht §§-Bändiger, die seine Möglichkeiten testen, mal etwas hinaus-, mal etwas hineinlegen und auf diese Weise abstrakte Begriffe mit Leben füllen, die schließlich mit Phantasie und Ausdauer die Lösung finden, die für einen ganz bestimmten, an Recht oder Unrecht leidenden Menschen geradezu die Ideallösung seines Konfliktes darstellt. Wer möchte in einem solchen Zirkus nicht Dompteur sein?

Das Vertrauen mancher Klienten in ihren Anwalt ist unbegrenzt. Keine Sache ist so verfahren, daß man von ihm nicht erwartet, er werde sie schon wieder „in die Reihe bringen". Er gilt als der Tausendsassa, der Zauberkünstler, der es „schon schaffen" wird. Aber man sieht seinem Haus-Magier zuweilen mit einer Mischung von Hochachtung und Abneigung zu: Er trägt zuviel Weiß auf. Er liebt die Veränderung. Er ist „freischaffender Künstler".

So sagt man.

Doch – die Rechtsanwälte sind gar nicht so.

Warum fühlen die Leute sich eigentlich nicht wohl in dem Schafspelz, den ihnen ihr Anwalt angeblich verpaßt hat? Haben sie das dunkle Gefühl, daß sie ihn sich selbst ausgesucht haben oder – daß er ihnen am Ende gar nicht steht? Die Anwälte schneidern die Maßanzüge ihrer Klienten aus mitgebrachten Zutaten, und im Grunde ihres Herzens wissen sie: kariert paßt fast immer.

Es ist nun einmal so: Es gibt wertvolle und weniger wertvolle Frauen. Und es gibt solche, denen man das ansieht. Auch der Scheidungsanwalt hat Augen im Kopf und ist „nur ein Mensch". Er hat den durchdringenden Blick für den „Streit-Wert" und danach sortiert er seine Klienten.

So sagt man.

Doch – die Rechtsanwälte sind gar nicht so.

Seit wann ist es eine Schande, „nur ein Mensch" zu sein? Ist es nicht die menschlichste Reaktion von der Welt, unverstandenen Frauenherzen in ihren schwersten Stunden beizustehen? Und manchem Anwalt mag der dankbare Aufschlag verweinter Augen Lohn genug zu sein.

Der Notar / Die Notarin

Sie sind die Sieger im Vorleser-Wettbewerb, jedenfalls was die Menge angeht. Sie sind die Feder-Halter ihrer Mandanten und kassieren ihr Entgelt dafür zuweilen auf leichte Weise.

So sagt man.

Doch – die Notare sind gar nicht so.

Sie sind die Mediatoren der sogenannten freiwilligen Gerichtsbarkeit, die Dompteure der unterschiedlichsten Interessen und bringen sie, auch wenn's mal hakt, unter einen Hut.

Der Zivilrichter / Die Zivilrichterin

Die Anwälte und Notare sind dem pulsenden Leben zwischen Gut und Böse näher. Das heißt jedoch noch lange nicht, daß alle Richter Engel wären oder nach und nach Flügel bekämen, nur weil ihnen manches Menschliche fremd ist. Aber sie sitzen nun einmal eine Stufe höher, kleiden sich in diskrete schwarze Einheitsroben, werfen ohne Rücksicht auf Verständnis mit §§ um sich und wissen im Grunde nicht, wie es dem „kleinen Mann" in der „Praxis des Lebens" zumute ist. Sie sind ein bißchen weltfremd.

So sagt man.

Doch – die Richter sind gar nicht so.

Sie stehen mit beiden Beinen mitten im Leben. Ein wenig hervorragend vor anderen, ein wenig überlegen. Aber wenn man sich etwas Mühe gibt, erreicht man des Richters Nase und Ohr. Und er nur weiß, was in das eine Ohr hinein- und aus dem anderen wieder hinausgeht.

Es gibt Leute, die die Bezeichnung „Verstandesmensch" für ein Schimpfwort halten. Viele Richter werden so klassifiziert: sie sehen immer nur einen Ausschnitt, sie sezieren, sie konstruieren, sie strecken und pressen; ihr Fall ist eine Nummer, ein Aktenstück ohne menschlichen Bezug. Sie sind zu nüchtern. Sie haben zu viel vom Techniker.

So sagt man.

Doch – die Richter sind gar nicht so.

Sie sind nicht die kühlen Rechner, die allzu sauberen Handwerker. Sie sind Seelenärzte, liebesfähig, liebenswürdig, nicht ohne Mitgefühl für den Patienten. Sie kennen Freud und ahnen Leid. Und keine ihrer Entscheidungen ist ohne psycho-somatische Wirkung.

Der Richter selbst, nicht das Weib Justitia, hält die Waage der Gerechtigkeit in der Balance. Er wägt ab, er verlagert die Gewichte; er läßt die Parteien sinken und steigen. Und wenn die Sache zu kompliziert wird, dann lockt er die Streitenden zu sich zur Mitte, und die Waage ist in sich ausgeglichen. Und der Richter lacht sich innerlich ins Fäustchen, weil er kein Urteil zu sprechen und zu begründen braucht.

So sagt man.

Doch – die Richter sind gar nicht so.

Der gerichtliche Vergleich hat eine beträchtliche kulturelle Bedeutung. Das Imponderabile ist doch gewogen worden. Jeder ist Sieger. Und der Richter ist der große Friedensstifter. Wer wollte angesichts dessen so kleinlich sein, einem nichtgeschriebenen berufungsfähigen Urteil eine Träne nachzuweinen?

Der Staatsanwalt / Die Staatsanwältin

Mit der Staatsanwaltschaft kann keiner recht „warm" werden: Eine gut funktionierende Apparatur, die Anklageschriften en gros produziert, die eisenharte Plädoyers gegen den Angeklagten schleudert, unbestechlich, unbeugsam. Temperatur am Gefrierpunkt.

So sagt man.

Doch – die Staatsanwälte sind gar nicht so.

Sie lieben das scharfe Gefecht; die blanke Klinge soll nicht ungekreuzt bleiben. Aber drüberspringen lassen sie keinen – selbst wenn sie es könnten.

Er weiß, was er will: wer anklagt, muß auch die Verurteilung erstreben. Seine Brille ist jedoch getrübt, getrübt vom ständigen Umgang mit menschlichen Schwächen. Er sieht schon gestreift, wo andere nur schwarz sehen.

So sagt man.

Doch – die Staatsanwälte sind gar nicht so.

Die „objektivste Behörde der Welt" weiß, was sie sich schuldig ist. Das Vergrößerungsglas wird auf weiße und schwarze Westen gerichtet, es holt helle und dunkle Punkte aus der Vergangenheit hervor. Beim Staatsanwalt wäre jede Strafsache am besten aufgehoben – wenn, ja wenn es nicht den Strafverteidiger gäbe.

Der Strafverteidiger / Die Strafverteidigerin

Der Staatsanwalt sieht ihn nur als den bärbeißigen Widerpart, der sich nichts gefallen lassen will.

Das Publikum will in ihm den Star des Tages erblicken, der seine Gegner mit geschliffener Rede matt setzt und dessen Optimismus nicht so leicht zu schlagen ist.

Das Gericht lernt ihn als den großen Beschwörer kennen, der es wort- und gestenreich vor Justizirrtümern zu bewahren trachtet.

Der Angeklagte schließlich fühlt sich bei ihr so wohl wie im Beutel eines Kängurus. Ihr zuversichtlicher Gesichtszug ist ihm mehr als bloßes Versprechen.

Doch – die Strafverteidiger sind nicht nur so.

Die Gesichter wechseln in schneller Folge. Der Verteidiger hat sie alle zur Verfügung. Mit ihnen siegt er, mit ihnen geht er unter.

Kommt es darauf an, ob der Verteidiger am richtigen Knöpfchen dreht? Und wird der arme Teufel, der einen guten Anwalt nicht bezahlen kann, eher verurteilt als der reiche Teufel, der sich gleich mit mehreren Beschützern umgibt? Jedenfalls traut man der Redegewalt, der Eloquenz, schon einiges zu. Der Verteidiger kann einen Verdächtigen „herauspauken".

So sagt man.

Doch – die Strafverteidiger sind gar nicht so.

Verteidiger ohne eine gehörige Portion Selbstvertrauen sind nicht denkbar. Aber letzten Endes bleibt auch ihnen nach dem Plädoyer nichts anderes übrig, als zu warten, wie sich Gesetz, Gerechtigkeit und Billigkeit auspendeln. Und wenn sie Wind machen, müssen sie nur ein wenig länger warten.

Der Strafrichter / Die Strafrichterin

Das Schwurgericht ist in der Phantasie des kleinen Moritz eine schreckeneinflößende Institution. Alle Richter, ohne Ausnahme, „wollen ihm was". Alle sehen gleich gefühllos und hochmütig aus, alle dünken sich besser als er und warten angespannt darauf, wann er sich endlich eine Blöße gibt.

So sagt man.

Doch – die Richter sind gar nicht so.

Der kleine Moritz weiß es nicht besser, weil er das Schwurgericht nur von seinen Alpträumen kennt. Die Fachleute, die „Kriminalstudenten" aller Gattungen, kennen die Nuancen. Sie achten auf die Blößen, die sich die Richter geben, und freuen sich auch an kleinen Zeichen der Individualität.

Hier wird man „abgestempelt": schuldig oder nicht-schuldig. Fließbandmäßig. Die gleichgültig-kalten Augen der Routiniers gleiten flüchtig über den Angeklagten hinweg: ob sich sein Fell als Bettvorleger eignet? Schon vor der Verhandlung wissen die Richter alles; manchmal wissen sie es sogar besser. Sie sind voreingenommen.

So sagt man.

Doch – die Richter sind gar nicht so.

Ihr Tun ist kein Kinderspiel. Sie sind Bauleute, die sorgfältig einen Stein zum anderen tragen; erst wenn das Bauwerk steht, weiß man, ob es ein Gefängnis oder ein Wochenendhaus ist.

Kein Mensch gibt gerne Fehler zu. Wie sollten da gerade die Richter eine Ausnahme machen! Sie müssen davon überzeugt sein, daß ihre Entscheidung richtig, die des anderen „abwegig" ist. So stehen sie da, die Unnahbaren, die Unfehlbaren, die Unabsetzbaren, wie Kaiser, Päpste oder kleine Götter. Im Grunde „kann ihnen doch keiner".

So sagt man.

Doch – die Richter sind gar nicht so.

Wir leben in einem Rechtswegestaat, in dem nur einige wenige auserlesene Richter endgültig Recht sprechen. Allen anderen kann der nächsthöhere Richter „über den Mund fahren". Welch ein Eingeständnis der Unvollkommenheit der Juristen! Und die Angeklagten quälen sich von einem Hindernis zum anderen, schwankend zwischen Hoffnung und Verzweiflung. Viele gehen in die Berufung, doch wenige werden in letzter Instanz freigesprochen.

Der Rechtsprofessor / Die Rechtsprofessorin

Sie, die sich berufslebenslänglich der Theorie ihrer speziellen Rechtsgebiete zuwenden, – sie können gar nicht anders, als es jeweils besser zu wissen als andere Juristen, als an ihrem eigenen Wissenschaftler-Profil durch abweichende, sich abgrenzende Meinungen und Theorien zu arbeiten, aufs Detail versessener zu sein als auf den größeren Zusammenhang.

So sagt man.

Doch – die Rechtsprofessoren sind gar nicht so.

Ihre Liebe zum Detail täuscht. Ihr immer weiter verbessertes methodisches Instrumentarium versetzt sie zusammen mit ihren Mit-Spielern in die Lage, Wichtiges und weniger Wichtiges zu verknüpfen und damit ein relativ harmonisches Gesamt-Bild der Rechtsordnung zu entwerfen. Und irgendwann, irgendwann wird das Puzzle fertig sein.

Der Verwaltungsjurist / Die Verwaltungsjuristin

Bürokraten sind auch oft Juristen. Auch sie reiten – wie alle Juristen – auf Paragraphen herum; besonderes Kennzeichen jedoch: enge Stirn, die den Blick für größere Zusammenhänge verstellt. Die Verwaltungsjuristen sind die Erfinder jener Einbahnstraßen, auf denen für normale Sterbliche nur die Ochsentour möglich ist.

So sagt man.

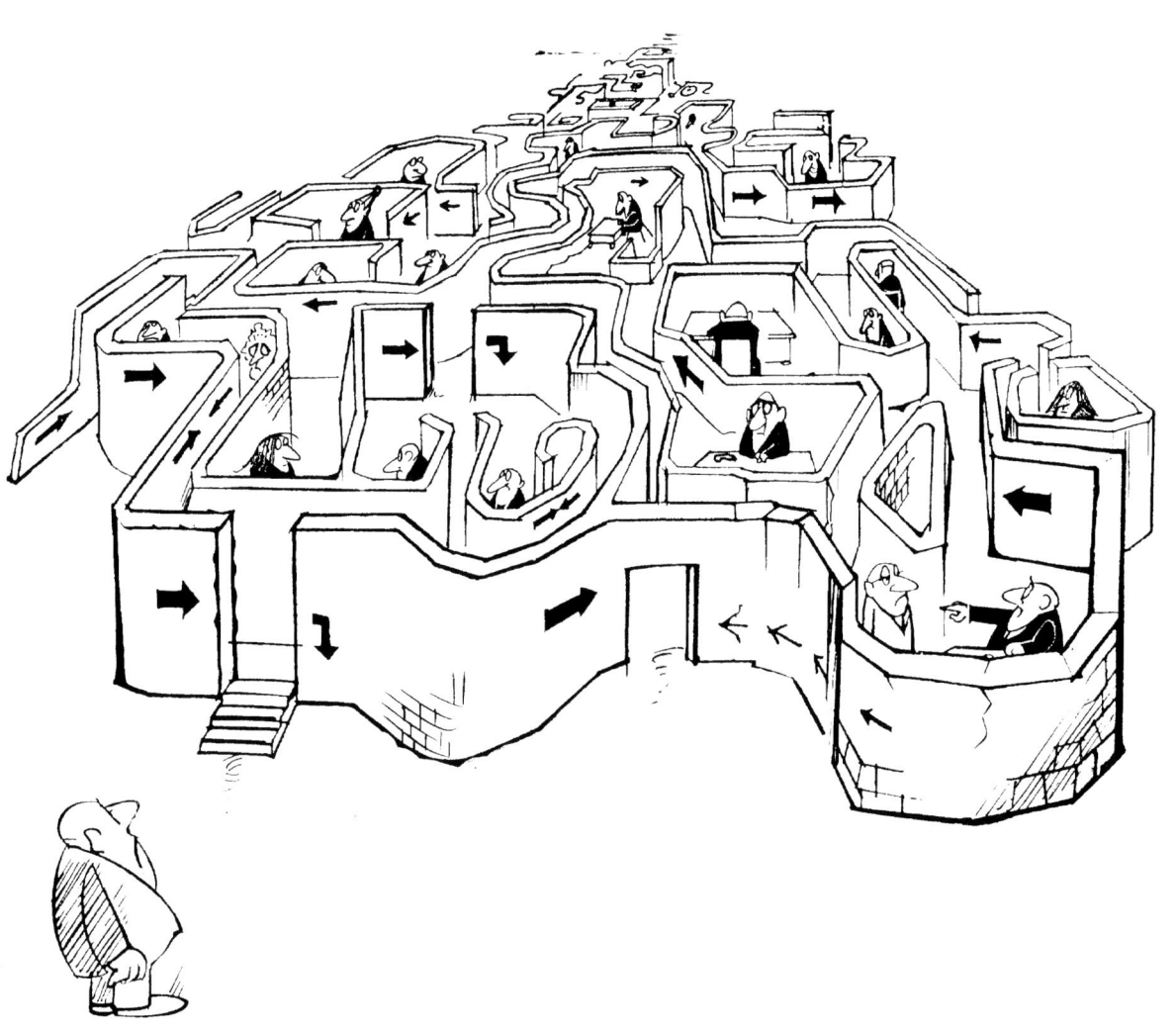

Doch – die Verwaltungsjuristen sind gar nicht so.

Die moderne Verwaltung funktioniert nicht nur im Leerlauf; sie kann auch hochtourig betrieben werden. Da ist ein ständiges Geben und Nehmen, und die Linke weiß nicht, was die Rechte tut. Bei einem geregelten Kreislauf behält die Verwaltung letztlich alles „in der Hand".

Der Verwaltungsjurist hat etwas vom Apotheker alter Schule. Im Zeichen der „Daseinsvorsorge" dreht er süße und bittere Pillen, rührt Heilsalben an, mixt Essenzen, baut Existenzen. Er ist Herr über hunderterlei Schubfächer, er rubriziert, er etikettiert, er schematisiert.

So sagt man.

Doch – die Verwaltungsjuristen sind gar nicht so.

Ohne Naturtalent geht es nicht. Auf den sechsten Sinn für das „Simile" – es ist alles schon mal dagewesen! –, für das richtige Gesetz, die richtige Verordnung, den richtigen Erlaß, die richtige Gerichtsentscheidung kommt es an. So wird er jedem Fall gerecht, selbst wenn er billig sein muß.

Der Jurist / Die Juristin in der Wirtschaft

Sie sind die eilfertigen Erfüllungsgehilfen ihres Dienstherrn, die ihm am besten nach dem Munde reden. Oder sie sind die Bremser vom Dienst, die ewigen Bedenkenträger, die die schönsten unternehmerischen Aktionen mit Meltau versehen.

So sagt man.

Doch – die Juristen in der Wirtschaft sind gar nicht so.

Sie sind die Prozeßvermeider, die vorsorgenden Rechtspfleger, unternehmerische Menschen mit analytischem Verstand, die die heimlichen und unheimlichen Ordnungsfaktoren in unseren komplizierten Lebensstrukturen erkennen und deshalb verläßliche Lotsen zwischen Scylla und Charybdis sein können.

Der Jurist / Die Juristin – ganz privat

Manche meinen, der Jurist habe schon am frühen Morgen seine und seiner Familie Haare nicht nur zu kämmen, sondern auch zu spalten, um sich für die Anforderungen des Tages zu üben. Der Jurist schaltet nie ab, er kann nicht aus seiner Haut heraus, selbst im privaten Bereich nicht.

So sagt man.

Doch – die Juristen sind gar nicht so.

Sie ziehen das Training am Expander vor – ein Sport, der Körper und Geist gleichermaßen stählt. Der Extensiv-Effekt gibt Spannkraft für den ganzen Tag. Und Juristen, die das Gesetz extensiv auslegen, haben mehr vom Leben – verstanden.

Wenn Juristen von Berufs wegen miteinander zanken, sieht das für Uneingeweihte beängstigend aus. Ein normaler gesellschaftlicher Verkehr unter Juristen muß auf diese Weise völlig zum Erliegen kommen.

So sagt man.

Doch – die Juristen sind gar nicht so.

Sie tun nur so. In den Pausen zwischen den Verhandlungen sind sie so, wie sie wirklich sind. Das Sprichwort will es nun einmal, daß keine Krähe der anderen ein Auge aushackt.

Und nach Feierabend liest der Jurist nur juristische Literatur. Schließlich ist er ja doch ein Banause, ein verknöcherter §-Mensch, der zusehen muß, daß er diesem seinem Ruf alle Ehre macht.

So sagt man.

Doch – die Juristen sind gar nicht so.

Sie wissen schon, daß es außer dem BGB noch andere Bücher gibt. Der Kriminalroman z. B. versetzt sie in eine völlig neue Welt, eine Welt, die so ganz anders ist als ihr Berufsleben. Hier sind sie Menschen, d. h. vielleicht sogar selbst Gangster, hier dürfen sie's sein.

Und an manchem Abend sitzen der Strafrichter, die Staatsanwältin oder der Verteidiger in ihren großen Ohrensesseln und vergießen vor dem Bilde „ihres" Angeklagten Tränen, von denen man noch nicht weiß, ob sie Tränen der Anteilnahme oder des Krokodils sind.

So sagt man.

Doch – die Juristen sind gar nicht so.

Nicht so rührselig, nicht so sentimental. Eher möglich, daß sie träumen, in Angstschweiß baden. Sie könnten ja einmal eine unwiderrufliche Fehlentscheidung getroffen haben …

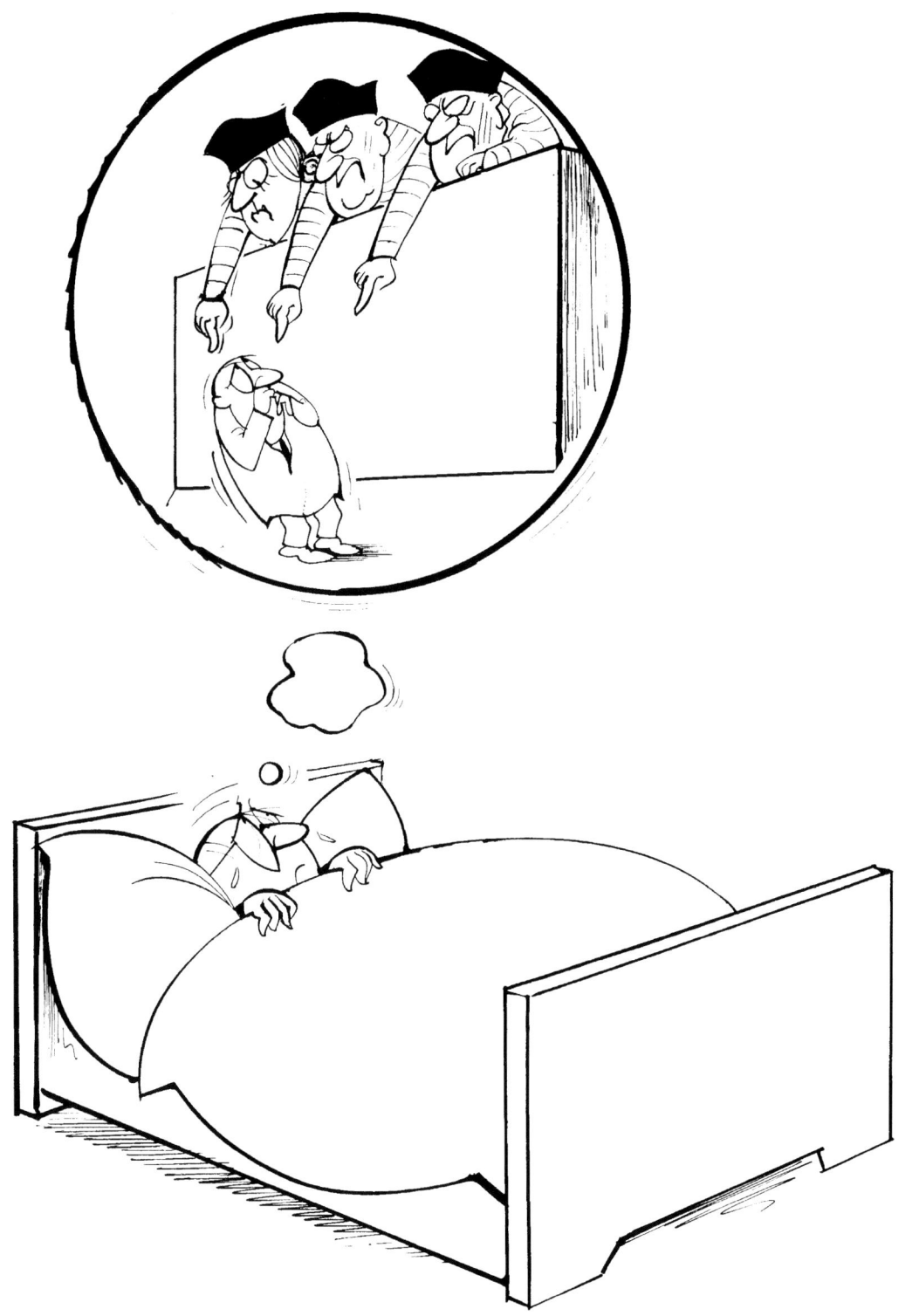

Die Entscheidung

Und wenn dann der §§-Wirrwarr zusammengekehrt, wenn die Spreu vom Weizen getrennt worden ist und die Schlagworte ausgeleiert sind, dann ist festzustellen, was uns geblieben ist. Sie, die geneigten Leser, mögen sich selbst zum Richter aufschwingen, selbst zu Feder und Tinte greifen und den idealen Juristen herbeizaubern. Lust und Leid des Richters möge ihr Teil sein!

Möge Ihre Entscheidung ausfallen, wie immer sie wolle. Das folgende Prozeßergebnis muß nach allem, was Sie gesehen haben, auch Ihren ungeteilten Beifall finden:

Im Namen des Volkes!
Das Vorurteil gegen die Juristen wird aufgehoben.

Diese schöne Entscheidung ebnet den Weg in eine bessere Zukunft. Jurist und Nicht-Jurist werfen den Fehdehandschuh weg und reichen sich die Freundeshand:

Juristen sind gar nicht so.

Bitte beachten Sie
die nachfolgenden Verlagsanzeigen

Geschenkbücher für Juristen im Verlag Dr. Otto Schmidt

Teubners Satirisches Rechtswörterbuch

Von Vors. Richter am OLG Dr. Ernst *Teubner*. Mit 26 Vignetten von Brigitte *Teubner*. 2. enorm verbesserte und angereicherte Auflage 1992. 229 Seiten DIN A 5, gbd. 39,– DM. ISBN 3 504 01806 2

Der leise Witz oder die spöttische Überzeichnung, die den Erläuterungen der ersten Auflage des „Teubner" innelagen, stehen auch für die zweite Auflage Pate. Wieder wird dem juristischen Sprachgebrauch der Spiegel vorgehalten: Von „a" wie „aberratio ictus" bis „z" wie „Zahlung" werden geläufige Rechtsbegriffe in alphabetischer Reihenfolge satirisch aufbereitet.

Goethe-Zitate für Juristen

Aus Rechtsstudium, Advokatur, Staatsdienst, Rechts- und Lebensweisheit des Dichterjuristen. Ausgewählt und lexikalisch aufbereitet von Dr. jur. Alfons *Pausch* und Jutta *Pausch*. 148 Seiten DIN A 5. 1994, engl. brosch. 29,50 DM. ISBN 3 504 01791 0

Goethe war nicht nur begnadeter Dichter, sondern auch wortgewandter und scharfsinniger Jurist. Aus der Fülle überlieferter Selbstzeugnisse haben die Autoren über 500 Zitate wortgetreu zusammengetragen, und so eine Fundgrube kleiner Kostbarkeiten geschaffen, die sich alphabetisch nach Stichworten geordnet und mit Querverweisen versehen, hervorragend zur Auflockerung von Reden, Referaten oder auch Beratungsgesprächen eignen.

Über Unbeliebtheit und Beliebtheit von Juristen

Von Prof. Dr. Harm Peter *Westermann*. 2. Auflage 1987, 56 Seiten DIN A 5, engl. brosch. 14,– DM. ISBN 3 504 01850 X

Der Autor kommt hier zu Erkenntnissen, die den Juristen, aber auch den Nichtjuristen interessieren werden und die bei aller Ernsthaftigkeit des Anliegens außerdem amüsant zu lesen sind. „… Das Gefühl dagegen, das den juristischen Leser bei der Lektüre überkommt, übersteigt dasjenige bei weitem, das er beim Studium einer wissenschaftlichen Veröffentlichung empfinden würde. … – er fühlt sich verstanden …" (Wettbewerb in Recht und Praxis)

Frauen haben immer Recht

Eine männliche Belehrung mit Gesetzestexten und Illustrationen von RA Dr. Hans Martin *Schmidt* und Walter *Hanel*. 3. überarbeitete Auflage 1986, 112 Seiten 17,8 x 21 cm, gbd. 24,– DM. ISBN 3 504 01847 X

Die Autoren sind den weiblichen Spezialvorschriften in den Gesetzbüchern auf die Spur gegangen. Sie haben es fertiggebracht, einen ausgesprochen trockenen Stoff amüsant zu gestalten und mit lustigen Zeichnungen zu würzen, so daß die Paragraphen auch für diejenigen, die sich sonst nie damit befassen, lesenswert werden. „… sei verraten, daß sie dieses Buch keineswegs als Verrat am Männergeschlecht anzusehen brauchen: Am Grundsatz der Gleichberechtigung der Männer werden die Frauen nie vorbeikommen können! …" (Berliner Anwaltsblatt)

Geschenkbücher für Juristen im Verlag Dr. Otto Schmidt

Richter in Karikatur und Anekdote

Von RA und Notar M. A. *Nentwig*. 2. durchgesehene Auflage 1990, 100 Seiten 17,8 x 21 cm, gbd. 24,– DM. ISBN 3 504 01822 4

Nentwig wendet sich in diesem Buch dem Richter zu und legt gleichsam eine kleine Kulturgeschichte dieses Berufsstandes vor. Die Karikaturen und Anekdoten zeigen den Richterberuf in seiner Vielfalt auf – den unabhängigsten Beruf der Welt. „… der seltene Fall einer ‚angenehmen juristischen Lektüre'." (Monatsschrift für Deutsches Recht)

Rechtsanwälte in Karikatur und Anekdote

Von RA und Notar M. A. *Nentwig*. 5. überarbeitete Auflage 1987, 94 Seiten 17,8 x 21 cm, gbd. 24,– DM. ISBN 3 504 01815 1

Die Sammlung erstreckt sich von mittelalterlichen Darstellungen bis zur modernen Karikatur, die durch Anekdoten, Aphorismen und erläuternde Texte angereichert werden. Aus dem Inhalt: Eine Prise Geschichtliches; der Anwalt in seinem Beruf; Rechtsanwälte sind eigenwillige Persönlichkeiten; Anwalt und Klient; Anwälte unter sich.

Standesknigge für Rechtsanwälte und Notare

Berufsrechtliche Vorschriften ausgewählt von Dr. Helmut *Weingärtner* und mit Karikaturen erläutert von Walter *Hanel*. 102 Seiten, 17,8 x 21 cm, 1987, gbd. 24,– DM. ISBN 3 504 01854 2

In der Bundesnotarordnung, der Bundesrechtsanwaltsordnung, den Richtlinien für Notare etc. sind viele dienst-, verfahrens- und standesrechtliche Vorschriften enthalten, die Rechtsanwälte und Notare beachten müssen. In diesem Geschenkbuch sind die wichtigsten zusammengefaßt und von Walter Hanel mit liebevoller Kritik bildlich kommentiert worden.

Wenn man's Recht betrachtet

Richterliches und Menschliches vom Baum der Erkenntnis. Von Prof. Dr. Rudolf *Gerhardt*. 122 Seiten DIN A 5, 1988, engl. brosch. 19,– DM. ISBN 3 504 01831 3

Gerhardt kann den Banalitäten des juristischen Alltags ebenso Farbe abgewinnen, wie er die Absonderlichkeiten des Menschlichen in seiner Komik, seiner Tragik und nicht selten auch einer Mischung aus beidem zu zeichnen vermag. Seine Beobachtungen, die vor allem in der FAZ und ZEIT veröffentlicht wurden, sind in diesem Geschenkband enthalten, der durch Illustrationen von Imma Setz auch optischen Reiz bietet.

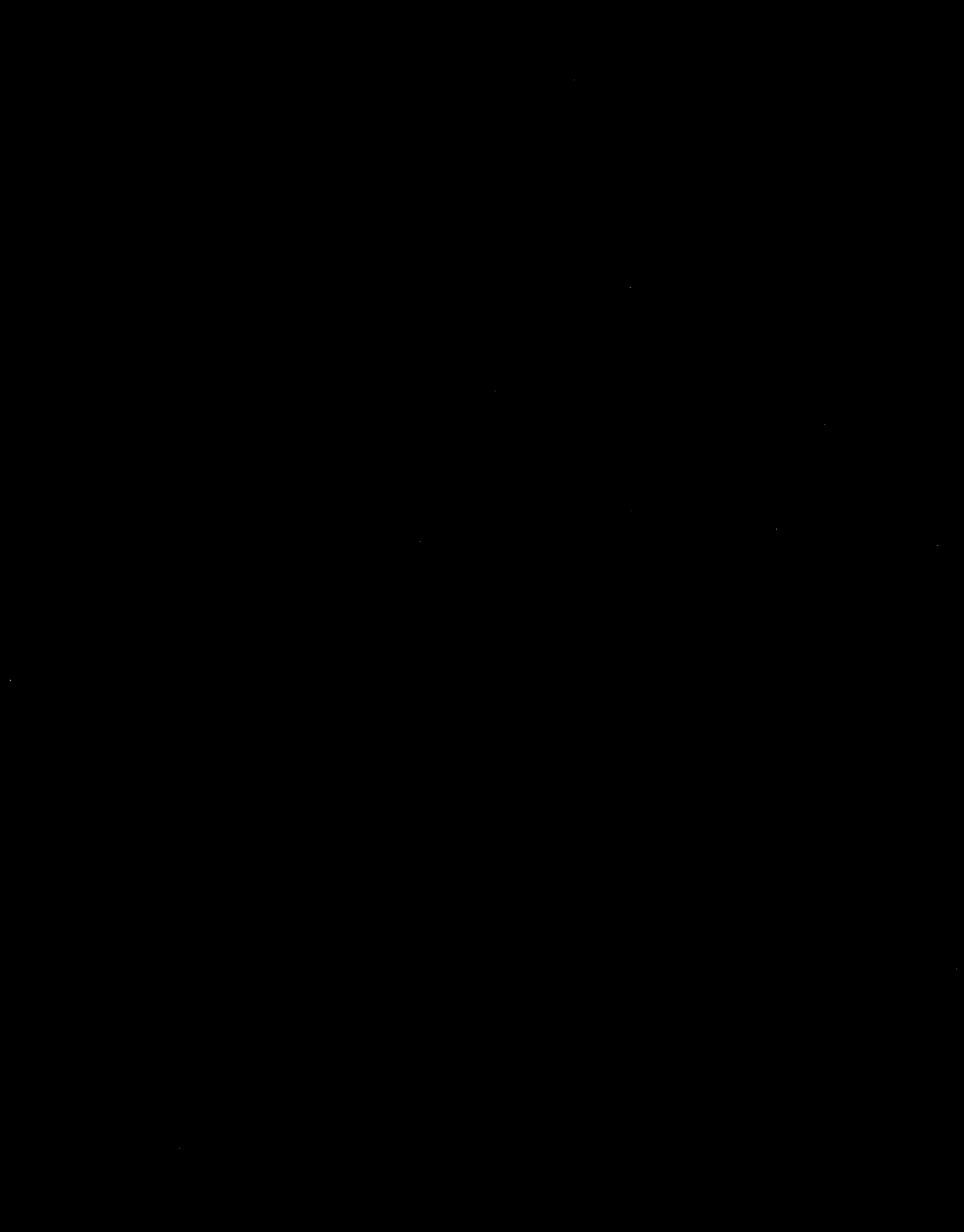